D0594448

L'auteur
Dominique de Saint Mars

Après des études de sociologie,
elle a été journaliste à *Astrapi*.
Elle écrit des histoires
qui donnent la parole aux enfants
et traduisent leurs émotions.
Elle dit en souriant qu'elle a interviewé
au moins 100 000 enfants...
Ses deux fils, Arthur et Henri,
ont été ses premiers inspirateurs !
Prix de la Fondation pour l'Enfance.
Auteur de *On va avoir un bébé*,
Je grandis, *Les Filles et les Garçons*,
Léon a deux maisons et
Alice et Paul, copains d'école.

L'illustrateur
Serge Bloch

Cet observateur plein d'humour
et de tendresse est aussi un maître
de la mise en scène.
Tout en distillant son humour généreux
à longueur de cases, il aime faire sentir
la profondeur des sentiments.

Max et Koffi sont copains

Merci à Monsieur Gaston Kelman,
Président du cercle de réflexion sur l'intégration,
Monsieur Kouakou Kouassi, ethno-pscychiatre,
et au Professeur Langaney,
généticien au musée de l'Homme,
pour leur collaboration.

Ainsi va la vie

Max et Koffi sont copains

Dominique de Saint Mars

Serge Bloch

Un pour tous,
tous pour un

CALLIGRAM
CHRISTIAN GALLIMARD

9

10

11

12

17

On se ressemble !
Il est juste un peu plus
grand que moi !

On a eu la photo
de classe. Regarde,
c'est lui !

Mais il est noir !

Ah oui !
Il s'appelle Koffi !

19

20

22

24

Moi, en tout cas, j'en ai marre de ne pas être comme les autres... et de me faire traiter...
Il vous a raconté ?
Oui, mais ce garçon répète bêtement ce qu'il a entendu ! En fait, on fait tous partie de la même espèce humaine !

Et sous les différents climats, ils sont devenus différents d'aspect et puis dans leur façon de vivre, de penser...

La Terre serait triste si tout le monde était pareil !

29

On est à la fois semblables et différents, et tous égaux.

Même cet idiot de Michel, j'arrive pas à le croire !

Mais c'est quoi, le racisme ?

C'est quand on méprise quelqu'un parce qu'il est d'une autre couleur ou d'une autre origine. En fait, on le rejette parce qu'on a peur de sa différence. Ça peut devenir très grave.

Si on domine cette peur, on arrive à se connaître, à se respecter et puis peut-être aussi à s'aimer.

Nous, on est copains ! On rigole pour les mêmes trucs et si on se dispute, c'est pas à cause de notre couleur !

Nous, on est des potes !

Et avec les voyages, la télé, la musique aussi... c'est de plus en plus facile de se comprendre et de bien vivre ensemble.

C'est ta grand-mère ?
Moi, j'avais une arrière
grand-mère italienne !

Oui, c'est Akissi,
elle vit dans un village...
pas comme nous !

J'aimerais bien
y aller, pour voir
comment c'est !

Ce serait bien !
Mais mon grand-
père est mort.

Tiens, moi
aussi, c'est triste,
hein !

37

38

39

40

Et toi...
Est-ce qu'il t'est arrivé la même histoire qu'à Max ?

Te sens-tu différent des autres ?
à cause de ta couleur ? de ta taille ? de ta famille...?

Ce sont les autres qui n'ont pas la même religion

Es-tu d'une religion différente des autres ?

C'est comme ça et c'est bien.

Est-ce que cela te rend triste d'être différent ?
Ou est-ce que cela te fait « grandir dans ta tête » ?

Trouves-tu difficile de parler de ses différences?
Est-ce que cela te rend agressif ?

As-tu souffert de racisme ? As-tu été rejeté ou injurié
par les autres ? Ou est-ce arrivé à un ami ?

Comment réponds-tu si on se moque de toi ?
Par l'humour, la tristesse, la discussion, l'action ?

Est-ce que ça existe pour toi le racisme ?
As-tu déjà été raciste ? T'es-tu demandé pourquoi ?

Quand tu as peur de quelqu'un, essaies-tu
de le connaître ou t'enfermes-tu dans ta coquille ?

As-tu traité quelqu'un de « raciste » ?
As-tu été traité de « raciste » ? Etait-ce juste ?

Trouves-tu que les différences des autres
sont une richesse et pas une menace ?

Es-tu tolérant : supportes-tu que les autres
ne soient pas ou ne pensent pas comme toi ?

Connais-tu des exemples de racisme dans l'histoire ?
As-tu des idées sur les façons de le combattre ?

**Après avoir réfléchi
à ces questions
sur la différence et le racisme,
tu peux en parler
avec tes parents ou tes amis.**